RÉPUBLIQUE FRANÇAISE

MINISTÈRE DE LA GUERRE.

DÉCISION MINISTÉRIELLE

DU 28 MAI 1891

MODIFIANT CERTAINS DOCUMENTS

RELATIFS AUX

TRANSPORTS MILITAIRES

PAR CHEMINS DE FER

(Extrait du *Bulletin officiel*, partie réglementaire,
année 1891, n° 34.)

PARIS | LIMOGES
11, place St-André-des-Arts | 46, Nouvelle route d'Aixe, 46

IMPRIMERIE ET LIBRAIRIE MILITAIRES

Henri CHARLES-LAVAUZELLE

Éditeur.

—

1891.

DÉCISION MINISTÉRIELLE

DU 28 MAI 1891

MODIFIANT CERTAINS DOCUMENTS

RELATIFS

AUX TRANSPORTS MILITAIRES

PAR CHEMINS DE FER

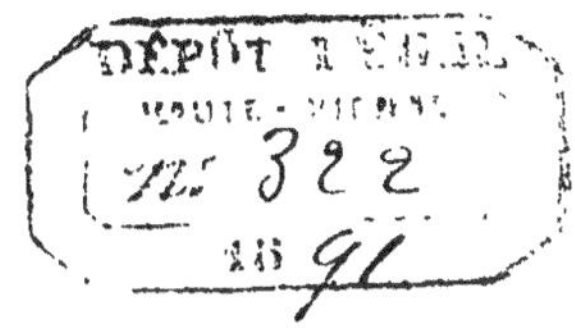

Paris, le 28 mai 1891.

Les modifications indiquées ci-après seront apportées :

1° Au règlement sur les transports ordinaires (18 novembre 1889);

2° Aux appendices aux règlements sur les transports ordinaires et stratégiques (25 avril 1890);

3° Aux notes aux règlements sur les transports ordinaires et stratégiques (25 avril 1890).

Règlement sur les transports ordinaires.

(Du 18 novembre 1889.)

BULLETIN OFFICIEL, PARTIE RÉGLEMENTAIRE, 2ᵉ SEMESTRE 1891, Nᵒ 94.

ARTICLE 4.

Note ajoutée au dernier paragraphe. Remplacer cette note par le texte suivant :

« Les chevaux doivent être accompagnés dans les conditions suivantes, conformément au traité du 14 octobre 1890.

« 1° *Chevaux de remonte :* un seul homme pour deux, trois ou quatre chevaux;

« 2° *Chevaux d'officiers :* une ordonnance ou l'officier lui-même pour le nombre de chevaux qui lui est attribué;

« 3° *Chevaux de selle immatriculés de toutes armes :* un homme par cheval;

« 4° *Chevaux ou mulets de trait immatriculés de toutes armes* (attelés à une voiture à quatre roues) : un conducteur militaire pour deux chevaux;

« 5° *Chevaux ou mulets de trait immatriculés de toutes armes* (attelés à une voiture à deux roues) : un homme par cheval;

« 6° *Chevaux ou mulets de trait loués ou réquisitionnés en temps de manœuvres :* accompagnés dans les mêmes conditions que les chevaux immatriculés (4° et 5°).

« Les hommes qui accompagnent les chevaux fournissent des gardes d'écurie dans les conditions fixées par les appendices I (règle 11), II (règle 12), III (règle 12). »

ARTICLE 46, 10ᵉ PARAGRAPHE.

Supprimer la phrase :

« Ce chiffre s'applique à toutes les armes, que les hommes soient ou non équipés. »

Et ajouter en note :

« Ce nombre est fixé à 32, 36 ou 40 hommes voyageant équipés, suivant la longueur du wagon, et à 40 hommes non équipés, pour tous les wagons, quelle que soit leur longueur. »

MODÈLES.

Bon de chemin de fer. — A modifier d'après le modèle ci-joint.

TALON (left stub)

Réglement sur les transports ordinaires. (Articles 20 et 57.)
Modèle n° 6. — N° 127 de la Nomenclature.

° CORPS D'ARMÉE.	SÉRIE N°
° DIVISION.	REGISTRE N°
S D	FEUILLET N°

EXERCICE 189 .

° TRIMESTRE.

TALON DU BON DE CHEMIN DE FER

transport à exécuter par train (1)
à
, d'un détachement
sant , commandé par
, (grade)
, porteur d'une feuille de route
e à , le 189
n°

§ 1er. — HOMMES.	NOMBRE.
Officiers généraux et officiers supérieurs...........	
Officiers subalternes...............................	
Officiers subalternes...............................	
Hommes de troupe..................................	
Cantinières et enfants de troupe....................	
Places inoccupées à taxer..........................	
(aller et retour) à taxer à raison d'une par cheval de remonte individuellement accompagné...............	
rtiments de 2e classe..............................	
x d'officiers.......................................	
x et mulets de troupe { de remonte.... / de selle....	
x et mulets de trait pour voitures { à 2 roues.... / à 4 roues....	
{ Bœufs et vaches................	
maux / Moutons.....................	
cherie.	
s, caissons et prolonges sur roues { à 2 roues.... / à 4 roues....	

§ 2. — BAGAGES.	POIDS.
us bagages et effets des magasins.................	
ire : les 30 kilogrammes transportés en franchise....	
RESTE......	
MATÉRIEL, APPROVISIONNEMENTS, ETC.	
démontés ou sur affûts..........................	
démontés ou sur roues...........................	
ment des voitures...............................	
s, caissons et prolonges démontés	
visionnements...................................	
POIDS TOTAL......................	

vé par nous, Sous-Intendant militaire soussigné, le présent bon min de fer, conforme aux résultats de la revue d'effectif passée de départ du détachement.

A , le 189 .

Le présent talon restera adhérent au registre tenu par chaque sous-Intendant militaire.

MINISTÈRE DE LA GUERRE.
MINISTÈRE DE LA GUERRE.

BON DE CHEMIN DE FER (right)

Réglement sur les transports ordinaires. (Articles 20 et 57.)
Modèle n° 6. — N° 127 de la Nomenclature.

° CORPS D'ARMÉE.	EXERCICE 189 .	SÉRIE N°	Timbre de la gare de départ.
° DIVISION.		REGISTRE N°	
PLACE d	° TRIMESTRE.	FEUILLET N°	

BON DE CHEMIN DE FER

pour le transport à exécuter par train (1) de (2)
réseau de à (3) , réseau de
par (4)
d'un détachement de troupe voyageant (5)
dirigé sur et commandé par M.
au (6) , porteur d'une feuille de route délivrée à
le 189 .

DÉLIVRÉ par nous, le présent bon de chemin de fer, et certifie véritables les effectifs et le poids du matériel à transporter indiqués ci-contre.

A , le 189 .

Le

N° d'expédition :
Date de l'expédition :

§ 1er. — HOMMES (7).	EFFECTIF RÉEL (14).	NOMBRE DE PLACES ou NOMBRE D'ANIMAUX ET DE VOITURES. (En toutes lettres.)		POIDS.
1re classe. { Officiers généraux et supérieurs.				
{ Officiers subalternes (8)......				
2e classe. { Officiers subalternes..........				
3e classe. { Hommes de troupe...........			**§ 2. — BAGAGES (7).**	
{ Cantinières et enfants de troupe (9).............				
{ Places inoccupées à taxer (10)				
Compartiments de 2e classe............			Poids total des bagages et effets des magasins transportés avec la troupe.......	
Places (aller et retour) à taxer à raison d'une par cheval de remonte non individuellement accompagné...............			À déduire, pour 30 kilogrammes de bagages transportés en franchise pour chaque place taxée (11)................	
Chevaux d'officiers (12).............				
Chevaux et mulets de troupe { de remonte. / de selle.... (13)................			RESTE........	
Chevaux et mulets de trait pour voitures { à 2 chevaux. / à 4 chevaux.			MATÉRIEL, APPROVISIONNEMENTS, ETC.	
Animaux de boucherie. { Bœufs et vaches............. / Moutons................			Canons démontés ou sur affûts	
			Affûts démontés ou sur roues...........	
Voitures, caissons et prolonges sur roues { à 2 roues... / à 4 roues...			Chargement des voitures...............	
			Voitures, caissons et prolonges démontés.	
			Approvisionnements	
			POIDS TOTAL (en chiffres.........	

(1) Train ordinaire ou facultatif militaire ou spécial militaire.
(2) Indiquer la gare de départ que le bon concerne et son réseau.
(3) Indiquer la gare destinataire que le bon concerne et son réseau.
(4) Lorsque le trajet peut être effectué par des itinéraires différents, indiquer les points qui déterminent l'itinéraire à suivre.
(5) Indiquer si la troupe voyage avec ou sans équipement.
(6) Indiquer le corps.
(7) Les transports indiqués au paragraphe 1er sont taxés au nombre, ceux indiqués au paragraphe 2 sont taxés au poids. Biffer par un trait à l'encre celles des indications qui ne sont pas utilisées.
(8) Ceux seulement qui, dans les trains ordinaires, ne sont pas en nombre suffisant pour occuper un compartiment complet de 1re classe, ou sont en excédant d'un ou plusieurs compartiments complets.
(9) Indiquer le nombre des enfants de troupe de trois ans et au-dessus. Les enfants de troupe au-dessous de cet âge sont transportés gratuitement.
(10) Les soldats de toutes armes non équipés occupent, dans les compartiments des voitures à voyageurs, le même nombre de places que les voyageurs civils.
Quand les soldats voyagent équipés, il est accordé dix places pour 8 hommes.
Les places laissées vides sont utilisées pour le rangement des sacs, cuirasses, coiffures, outils, brides, etc.
Dans les wagons aménagés, le nombre de places occupées par les hommes équipés et par les hommes non équipés est indiqué sur le cartouche spécial à chaque wagon. Aucune place inoccupée pour le rangement des effets n'est accordée aux hommes équipés voyageant dans lesdits wagons.
(11) La diminution est basée sur le total des places payées (y compris celles inoccupées, à taxer).
(12) Indiquer dans la case ci-contre (12) le nombre des officiers ou employés de chaque grade et le nombre de chevaux appartenant à chacun de ces groupes d'officiers ou d'employés. Mentionner, s'il y a lieu, les positions spéciales donnant droit à un nombre de chevaux supérieur à celui ordinaire du grade. Lorsque les chevaux d'officiers voyagent isolément, indiquer le nom et le grade de l'officier.
(14) Indiquer exclusivement dans cette colonne l'effectif réel transporté en officiers, en hommes de troupe, en chevaux de chaque catégorie, en voitures, et les compartiments de prisonniers.
Le chiffre des places (aller et retour) doit être égal à celui des chevaux de remonte non individuellement accompagnés.

(12) DÉTAIL DES CHEVAUX.			
ARME :			
Grade.	Effectif de chaque grade.	Nombre de chevaux.	TOTAUX.
OFFICIERS.			
TROUPE. Hommes ayant **droit à un** cheval.			
Conducteurs ayant **droit à deux** chevaux (unités en détachements constituée).....			
TOTAL......................			

CERTIFICAT D'EXÉCUTION DE TRANSPORT.

Je soussigné, Commandant le détachement, certifie qu'il m'a été remis un billet collectif par la compagnie d
pour le transport jusqu'à la destination indiquée du personnel et du matériel ci-contre.

A , le 189 .

(*Signature.*)

MUTATIONS SURVENUES PENDANT LA ROUTE (1).

DÉSIGNATION DES STATIONS où les mutations ont été effectuées.	NATURE ET MOTIFS DES MUTATIONS.	MILITAIRES OCCUPANT DES PLACES			CHEVAUX et mulets.	VOITURES, CAISSONS ET PROLONGES.		POIDS		VISA DU CHEF de la gare où la mutation a eu lieu.
		de 1re classe.	de 2e classe.	de 3e classe.		à 2 roues.	à 4 roues.	des bagages.	du matériel, appro- visionne- ments, etc.	
1	2	3	4	5	6	7	8	9	10	11

N. B. Les ratures et les surcharges doivent être
rigoureusement approuvées.

A , le 189 .

Le Chef de détachement,

(1) Le présent tableau n'est rempli et signé
qu'en cas de mutation pendant la route.

II. — APPENDICES.

(BULLETIN OFFICIEL, PARTIE RÉGLEMENTAIRE, 1ᵉʳ SEMESTRE 1890, Nº 32.)

APPENDICE I.

RÈGLE 8. — RECONNAISSANCE DU TRAIN.

Ajouter après l'alinéa 1° l'alinéa suivant :

« 2° Que, dans les wagons aménagés pour 36 hommes, les supports de bancs voisins des petits côtés du wagon sont bien placés à 0ᵐ,50 desdits petits côtés du wagon ainsi que les extrémités des bancs intermédiaires et de la planche servant de dossier, et que les supports voisins du milieu des wagons sont bien placés à une distance telle des petits côtés du wagon qu'ils affleurent les extrémités des bancs appuyés aux grands côtés. »

Numéroter les alinéas anciens 2° et 3° respectivement 3°, 4°.

RÈGLE 11. — CONTENANCE DES WAGONS.

Supprimer le 4ᵉ paragraphe :

« Dans les wagons à marchandises aménagés pour les hommes. le chiffre de contenance inscrit sur les parois des wagons est applicable sans réduction, que les hommes soient ou non équipés. »

Et le remplacer par le texte suivant :

« Dans les wagons à marchandises, les hommes armés ou non, voyageant sans leur équipement, seront toujours embarqués au nombre de 40.

Les hommes équipés seront embarqués au nombre de 32, 36 ou 40, selon la longueur du wagon.

Ces nombres sont indiqués sur le cartouche placé sur chaque wagon. Le premier chiffre indique le nombre d'hommes équipés, le deuxième, le nombre d'hommes non équipés (40 uniformément) que peut recevoir le wagon, comme il est indiqué ci-après :

| HOMMES 32-40 | Wagon pouvant recevoir { 32 hommes équipés ou / 40 hommes non équipés. |

| HOMMES 36-40 | Wagon pouvant recevoir { 36 hommes équipés ou
40 hommes non équipés. |
| HOMMES 40 | Wagon pouvant recevoir \| 40 hommes équipés ou non. |

RÈGLE 15. — EMBARQUEMENT DES HOMMES.

Placer comme 1re *observation*, ce qui suit :

« 1re *observation*. — Certains wagons aménagés peuvent, en raison de leur longueur, transporter 36 hommes au lieu de 32. Dans ces wagons, les supports du milieu du wagon sont à une distance telle des petits côtés du wagon qu'ils affleurent les extrémités des bancs appuyés aux grands côtés; de plus, les bancs intermédiaires et la planche servant de dossier sont tirés vers le milieu du wagon de manière que leurs extrémités se trouvent à 0^m,50 des petits côtés du wagon.

« Lorsque des wagons de cette nature entrent dans la composition des trains, chaque fraction de 36 hommes une fois arrêtée devant le wagon, dans lequel elle doit embarquer, est formée en huit files comprenant :

« Les files n°s 1, 4, 5 et 8 : 4 hommes;
« Les files n°s 2, 3, 6 et 7 : 5 hommes,
et s'embarque ensuite comme il vient d'être expliqué pour les fractions de 32 hommes.

« Les faisceaux, comprenant 9 fusils, sont formés au milieu de l'intervalle libre des bancs.

« Les sacs sont disposés de la manière suivante :

« 1° Une pile de 3 sacs à l'extrémité de chacun des bancs appuyés aux grands côtés, dans les coins du wagon;
« 2° Un sac servant à caler le pied de chaque faisceau de fusils;
« 3° Une pile de 5 sacs vis-à-vis de l'extrémité des bancs du milieu.

« Tous les sacs sont couchés à plat, de telle sorte que la gamelle individuelle soit tournée du côté des faisceaux. On place en dessus les sacs portant des marmites de campement. »

Numéroter les observations anciennes 1re et 2° respectivement 2° et 3°.

APPENDICE II.

RÈGLE 9. — RECONNAISSANCE DU TRAIN.

Ajouter après l'alinéa 1°, l'alinéa suivant :

« 2° Que, dans les wagons aménagés pour 36 places, les supports de bancs voisins des petits côtés du wagon sont bien placés à $0^m,50$ desdits petits côtés du wagon ainsi que les extrémités des bancs intermédiaires et de la planche servant de dossier, et que les supports voisins du milieu des wagons sont bien placés à une distance telle des petits côtés du wagon qu'ils affleurent les extrémités des bancs appuyés aux grands côtés. »

Numéroter les alinéas anciens 2° et 3° respectivement 3° et 4°.

RÈGLE 12. — CONTENANCE DES WAGONS.

Supprimer le 4° paragraphe :

« Dans les wagons à marchandises aménagés pour les hommes, le chiffre de contenance inscrit sur les parois des wagons est applicable sans réduction, que les hommes soient ou non équipés. »

Et le remplacer par le texte suivant :

« Dans les wagons à marchandises, les hommes, armés ou non, voyageant sans leur équipement, seront toujours embarqués au nombre de 40.

« Les hommes équipés seront embarqués au nombre de 32, 36 ou 40, selon la longueur du wagon.

« Ces nombres sont indiqués sur le cartouche placé sur chaque wagon. Le premier chiffre indique le nombre d'hommes équipés, le deuxième, le nombre d'hommes non équipés (40 uniformément) que peut recevoir le wagon, comme il est indiqué ci-après :

HOMMES 32-40	Wagon pouvant recevoir ⎰ 32 hommes équipés ou ⎱ 40 hommes non équipés.
HOMMES 36-40	Wagon pouvant recevoir ⎰ 36 hommes équipés ou ⎱ 40 hommes non équipés.
HOMMES 40	Wagon pouvant recevoir ǀ 40 hommes équipés ou non.

RÈGLE 17. — EMBARQUEMENT DES HOMMES.

Placer comme 1re *observation* ce qui suit :

« 1re *observation*. — Certains wagons aménagés peuvent, en raison de leur longueur, transporter 36 hommes au lieu de 32. Dans ces wagons, les supports du milieu du wagon sont à une distance telle des petits côtés du wagon qu'ils affleurent les extrémités des bancs appuyés aux grands côtés ; de plus, les bancs intermédiaires et la planche servant de dossiers sont tirés vers le milieu du wagon de manière que leurs extrémités se trouvent à 0^m,50 des petits côtés du wagon.

Lorsque des wagons de cette nature entrent dans la composition des trains. chaque fraction de 36 hommes, une fois arrêtée devant le wagon, dans lequel elle doit embarquer, est formée en huit files comprenant :

« Les files n°s 1, 4, 5 et 8 : 4 hommes ;
« Les files n°s 2, 3, 6 et 7 : 5 hommes ;

et s'embarque ensuite comme il vient d'être expliqué pour les fractions de 32 hommes.

« Les faisceaux. comprenant neuf carabines, sont formés au milieu de l'intervalle libre des bancs. »

Numéroter les observations anciennes 1re et 2° respectivement 2° et 3°.

APPENDICE III.

Règle 9. — Reconnaissance du train.

Ajouter après l'alinéa 1° l'alinéa suivant :

« 2° Que. dans les wagons aménagés pour 36 hommes, les supports des bancs voisins des petits côtés du wagon sont bien placés à 0^m,50 desdits petits côtés du wagon. ainsi que les extrémités des bancs intermédiaires et de la planche servant de dossier. et que les supports voisins du milieu des wagons sont bien placés à une distance telle des petits côtés du wagon qu'ils affleurent les extrémités des bancs appuyés aux grands côtés. »

Numéroter les alinéas anciens 2° et 3° respectivement 3° et 4°.

Règle 12. — Contenance des wagons.

Supprimer le 4e paragraphe :

« Dans les wagons à marchandises aménagés pour les hommes, le chiffre de contenance inscrit sur les parois des wagons est applicable sans réduction, que les canonniers soient ou non équipés. »

Et le remplacer par le texte suivant :

« Dans les wagons à marchandises, les hommes armés ou non, voyageant sans leur équipement, seront toujours embarqués au nombre de 40.

« Les hommes équipés seront embarqués au nombre de 32, 36 ou 40 selon la longueur du wagon.

« Ces nombres sont indiqués sur le cartouche placé sur chaque wagon. Le premier chiffre indique le nombre d'hommes équipés,

le deuxième le nombre d'hommes non équipés (40 uniformément)
que peut recevoir le wagon comme il est indiqué ci-après :

| HOMMES 32-40 | Wagons pouvant recevoir | 32 hommes équipés ou
40 hommes non équipés. |

| HOMMES 36-40 | Wagons pouvant recevoir | 36 hommes équipés ou
40 hommes non équipés. |

| HOMMES   40 | Wagons pouvant recevoir ; 40 hommes équipés ou non. |

Compléter le paragraphe « Observations », qui suit l'indication
du nombre de chevaux à placer dans chaque wagon, par l'alinéa
suivant :

« Dans les wagons contenant des chevaux de trait et dans les-
quels ne se trouve, par suite, qu'un bottillon porte-selle pouvant
servir de siège, il est donné comme deuxième siège un bottillon
de 0^m,80 ayant servi à l'embarquement du matériel. »

RÈGLE 18.

Placer après le dernier alinéa du paragraphe 2° : « chargement
du dernier truc » l'observation suivante :

« *Observation générale.* — Dans le cas d'un chargement comprenant deux avant-trains sur un truc, s'il se trouve un avant-
train de pièce, muni de dossier mobile, on devra avoir le soin de
le charger le *dernier*, de manière que son timon soit toujours en
l'air.

« On évitera ainsi de faire reposer sur le coffre, muni de dossier
mobile, le timon de l'autre avant-train. »

RÈGLE 19. — EMBARQUEMENT DES HOMMES.

Placer comme 1re *observation* ce qui suit :

« 1re *observation.* — Certains wagons aménagés peuvent, en
raison de leur longueur, transporter 36 hommes au lieu de 02.
Dans ces wagons, les supports du milieu du wagon sont à une
distance telle des petits côtés du wagon qu'ils affleurent les extrémités des bancs appuyés aux grands côtés; de plus, les bancs
intermédiaires et la planche servant de dossier sont tirés vers le
milieu du wagon, de manière que leurs extrémités se trouvent
à 0^m,50 des petits côtés du wagon.

« Lorsque des wagons de cette nature entrent dans la composition des trains, chaque fraction de 36 hommes une fois arrêtée

devant le wagon dans lequel elle doit embarquer est formée en huit files comprenant :

« Les files n°s 1, 4, 5 et 8 : 4 hommes ;
« Les files n°s 2, 3, 6 et 7 : 5 hommes,

et s'embarque ensuite comme il vient d'être expliqué pour les fractions de 32 hommes. »

Numéroter les observations anciennes 1re et 2e respectivement 2e et 3e.

RÈGLE 44. — CHARGEMENT SUR TRUCS DES FOURS ROULANTS DES BOULANGERIES DE CAMPAGNE AU MOYEN DE GRUES.

Ajouter au 6e paragraphe :

« Les cordages reliant les crochets aux roues de l'avant-train doivent avoir 0^m,60 environ de plus que ceux qui aboutissent aux roues de l'arrière-train. »

Ajouter la règle 44 *bis* suivante :

RÈGLE 44 *bis*. — CHARGEMENT A BRAS SUR TRUCS DES FOURS ROULANTS DES BOULANGERIES DE CAMPAGNE.

« *a*) — Le chargement à bras des fours roulants ne sera exécuté que sur les trucs remplissant les conditions spécifiées pour le matériel roulant en vue des transports militaires. (Note 5 aux règlements, décis. minist. du 25 avril 1890.)

b) *Chargement d'un four sur un wagon ayant une porte d'au moins trois mètres sur chaque face vers les extrémités.*

« *Matériel nécessaire.* — Des cales de roues, des ponts volants en quantité suffisante pour garnir l'emplacement de la porte rabattue.

« *Personnel nécessaire.* — 1 chef d'équipe et 14 hommes : 2 aux cales, 2 à chaque roue, 2 à la volée, 2 au bout du timon.

« *Manœuvre.* — Amener le four perpendiculairement à la longueur du quai, l'arrière à 1^m,50 environ du bord du quai et vis-à-vis de la porte abattue et garnie de ponts volants, s'il y a lieu, dans une position telle que la ligne extérieure prolongée des roues du côté de la voiture qui est près du milieu du truc soit à 0^m,30 environ en dedans de l'ouverture de la porte. (Fig. XXV *bis*).

« Le timon étant maintenu droit, faire effort pour faire monter l'arrière-train jusque sur le truc et arrêter.

« Incliner le timon en dedans jusqu'à ce que l'arête du coffre du four vienne se projeter sur l'axe du timon.

« Faire effort pour faire monter l'avant-train jusque sur le truc

en inclinant de plus en plus le timon en dedans, mais de manière
que la roue d'avant-train extérieure ne dépasse pas le bord du
pont. Dans ce mouvement, les hommes aux roues de l'arrière-
train règlent leur effort de manière à faire reculer la voiture et à
l'amener au milieu du truc.

« Le mouvement terminé, le coffre du four doit être parallèle
aux grands côtés du wagon, les roues à égale distance de ceux-ci
et le timon perpendiculaire au coffre.

« Régulariser la position, s'il y a lieu ; ôter le timon et le poser
sur ses supports ; remettre l'avant-train droit.

« c) *Chargement par dessus le grand côté, la hauteur de celui-ci*
ne dépassant pas 0^m,20.

« *Matériel.* — En plus de celui nécessaire précédemment,
3 mètres de bottillons en paille.

« *Personnel.* — 1 chef d'équipe, 16 hommes, dont 2 aides
s'appliquant successivement aux roues de l'arrière-train ou de
l'avant-train, suivant le besoin.

« *Manœuvre.* — Etablir avec les ponts volants jointifs un pont
d'au moins trois mètres de largeur et dont le côté extérieur soit à
environ 1^m,30 de l'extrémité du truc. Placer sur le truc les bottillons jointifs et à la tête du pont.

« La manœuvre s'exécute ensuite comme précédemment, les
deux auxiliaires aidant les hommes aux roues de derrière dans la
première partie du mouvement et ceux aux roues de devant ou à
la volée dans la deuxième partie.

« d) *Déchargement dans le cas où le wagon a une porte*
d'au moins trois mètres sur chaque face.

« Même personnel et même matériel que pour le chargement
cas *b*.

« L'opération s'exécute absolument en sens inverse de celle de
l'embarquement en réglant le mouvement du timon de manière
que la roue qui est le plus près de l'ouverture du milieu de la porte
en passe à environ 0^m,30.

« e) *Déchargement par dessus le grand côté, celui-ci n'ayant*
pas plus de 0^m,20.

« *Matériel.* — Comme dans le cas *c* et en plus deux grandes
cales, quatre bouts de madriers d'environ 0^m,50 et quatre leviers
de manœuvre.

« Même personnel que dans le cas *c*.

« Les ponts volants et les bottillons sont disposés comme dans le cas *c.* Deux grandes cales sont en outre placées en avant des bottillons, sur le passage des roues de l'avant-train, pour former une rampe. Tous les hommes font effort pour faire monter les roues de l'avant-train sur les ponts volants. Le reste du mouvement s'exécute comme dans le cas précédent, en se servant des leviers de manœuvre prenant appui sur les bouts de madriers convenablement disposés pour faire gravir aux roues de l'arrière-train la rampe formée par les cales et les bottillons. »

APPENDICE IV.

Observations générales. — Ajouter après le dernier paragraphe le paragraphe suivant :

« Il reste d'ailleurs bien entendu qu'on ne devra en principe, charger *qu'un* fourgon par truc. Si la composition du train *exige absolument* que les fourgons ne soient pas chargés seuls, on pourra mettre sur un truc, soit deux fourgons, soit plutôt un fourgon et une demi-voiture. »

APPENDICE VII.

ARTICLE 41.

Placer après l'alinéa 1° l'alinéa suivant :

« 2° Que, dans les wagons aménagés pour 36 places, les supports de bancs voisins des petits côtés du wagon sont bien placés à 0^m,50 desdits petits côtés du wagon ainsi que les extrémités des bancs intermédiaires et de la planche servant de dossier et que les supports voisins du milieu du wagon sont bien placés à une distance telle des petits côtés du wagon, qu'ils affleurent les extrémités des bancs appuyés aux grands côtés. »

Numéroter les alinéas anciens 2° et 3°, respectivement 3° et 4°.

TABLEAU A.

Composition du personnel des commissions et commandements de gare.

Compléter le tableau comme il est indiqué ci-après :

DÉSIGNATION du PERSONNEL.			DE STATIONS HALTES-REPAS.						de stations-magasins (q)			de stations têtes d'étapes de guerre.
			de 1re catégorie.	de 2e catégorie.	de 3e catégorie.							
Adjudant d'administration	»	»	1 (p)	1 (p)	»	»	»	»	3 (n)	,	»	»	2 (n)

....
....
.... (p) Du cadre auxiliaire. Pour les haltes-repas, dont le comptable est en même temps gestionnaire du service des subsistances de la place, le nombre des adjudants d'administration à y affecter est de 2. — (q) La composition des personnels administratifs, indiquée au présent tableau pour les stations-magasins, n'est qu'une moyenne et peut varier pour chaque station-magasin selon l'importance du service à assurer.

APPENDICE VIII.

1er PARAGRAPHE.

Au lieu de :

« Toutefois cette disposition n'est pas applicable pour les transports de mobilisation. »

Lire :

« Toutefois, cette disposition n'est applicable pour les transports de mobilisation qu'exceptionnellement. »

2e PARAGRAPHE.

Ajouter au 3e alinéa : « La deuxième comprend les stations où il est fait des distributions de vivres froids. »
l'indication : « et de café chaud. »

3e PARAGRAPHE. — Alinéa 2°.

Au lieu de :

« 2° Dans les stations de la 2° catégorie :
« Une ration de viande froide de conserve pendant le jour.
« Une demi-ration de viande de conserve et une ration d'eau-de-vie (ou tafia) pendant la nuit. »

Lire :

« Une ration de viande froide de conserve et une ration de café chaud, sans eau-de-vie, pendant le jour ;
« Une ration de café chaud et une ration d'eau-de-vie (ou tafia) pendant la nuit. »
La suite sans modifications.

6e PARAGRAPHE. — 8e alinéa.

Au lieu de :

« Les approvisionnements à réunir, dans chaque station, pour la préparation des repas chauds ou froids à prévoir, etc.

Lire :

» Les approvisionnements à réunir dans chaque station, pour la préparation des repas de 1re ou de 2° catégorie, à prévoir, etc.

7° PARAGRAPHE. — TAUX DES ALLOCATIONS, 5° alinéa.

Au lieu de :

« Suivant la nature de celles-ci ils sont chauds ou froids, etc. »

Lire :

« Suivant la nature de celles-ci, ils sont de 1re ou de 2e catégorie ; suivant l'heure de distribution, ils ont, l'un ou l'autre, les compositions ci-après. »

Remplacer le tableau des repas par le suivant :

Repas de jour.	de 1re catégorie.	50 centilitres de soupe au pain ; 250 grammes de viande froide de conserve ; 10 grammes de sel pour assaisonner la viande.
	de 2e catégorie.	250 grammes de viande froide de conserve ; 10 grammes de sel pour assaisonner la viande ; 25 centilitres de café chaud sucré.
Repas de nuit de 1re ou 2e catégorie.	Café chaud mélangé d'eau-de-vie ou tafia ou de tout autre liquide pouvant le remplacer.	25 centilitres de café chaud sucré. 0^l0625 d'eau-de-vie ou tafia, etc.

8° alinéa.

Au lieu de :

« Les officiers ont droit, dans les mêmes conditions que les hommes, aux repas chauds et froids ci-dessus. »

Lire :

« Les officiers ont droit, dans les mêmes conditions que les hommes, aux repas ci-dessus de 1re ou 2e catégorie. »

9° PARAGRAPHE.

Mettre au 3° alinéa au lieu du 2° : « On prépare le café dans un percolateur. »

12° PARAGRAPHE. — 1er alinéa.

Au lieu de :

« Un percolateur de 1,000 rations (250 litres) et deux percolateurs de 500 rations (125 litres) chacun sont placés dans chaque station halte-repas de la 1re catégorie, et permettent, etc. »

Lire :

« Un percolateur de 1,000 rations (250 litres) et deux percolateurs de 500 rations (125 litres) chacun sont placés dans chaque station halte de la 1re et de la 2e catégorie, et permettent, etc. »

15e PARAGRAPHE. — CONSERVES. — 3e alinéa.

Au lieu de :

« La distribution se fait en plaçant une boîte de 2 kilogrammes (ou deux boîtes de 1 kilogramme) ouverte auprès de chaque gamelle et une salière en bois contenant environ 80 grammes de sel. »

Lire :

« La distribution se fait en plaçant une boîte de 2 kilogrammes (ou deux boîtes de 1 kilogramme) ouverte auprès de chaque gamelle et une salière en bois contenant environ 100 grammes de sel. On ajoute pour l'appoint une boîte de 1 kilogramme pour deux tables. »

18e PARAGRAPHE. — 3e alinéa.

Au lieu de :

« 150 bidons sont destinés à cette opération ; les 120 autres, etc. »

Lire :

« 80 bidons sont destinés à cette opération ; 120 autres, etc. »

Mettre comme 4e alinéa : « Dans le cas d'insuffisance de ces 120 bidons pour assurer tous les besoins, on en prélève quelques-uns sur ceux devenus disponibles après la distribution du café ou sur les 40 n'ayant pas d'affectation pendant la nuit. »

La suite sans modifications.

20e PARAGRAPHE. — DISTRIBUTIONS DANS LES STATIONS
DE LA 2e CATÉGORIE.

Supprimer ce paragraphe jusqu'à la phrase : « Comme pour les stations de la 1re catégorie, etc. », et le remplacer par le suivant :

« *Distributions : Conserves de viande, de sel et café sans eau-de-vie, le jour ; café avec eau-de-vie, la nuit. — Eau pour les hommes.*

« 20. — Le nombre de boîtes de conserves de viande à raison d'une boîte de 1 kilogramme pour quatre hommes (soit deux boîtes de 1 kilogramme ou une boîte de 2 kilogrammes pour huit hommes), est ouvert de manière à pouvoir être distribué rapidement. »

« Le sel destiné à l'assaisonnement des conserves de viande est distribué en même temps dans des sachets de papier contenant chacun huit rations (80 grammes). Toutefois, en vue de faciliter la formation des appoints lors de chaque passage, il est préparé à l'avance quelques sachets de quatre rations (40 grammes).

« Le café et l'eau-de-vie (ou tafia, etc.) sont préparés et distribués comme il est indiqué pour les stations de la 1re catégorie.

« Toutes les distributions, sans exception, sont faites aux wagons.

« Les corps prennent livraison des denrées et liquides par compagnie et les répartissent ensuite par wagons, sans difficultés, les quantités nécessaires ayant été préparées à l'avance comme il est dit ci-dessus et transportées sur le quai vers le milieu du train par les ouvriers militaires.

« Comme pour les stations de 1re catégorie et ainsi qu'il est dit, etc. »

La suite sans modifications.

27e PARAGRAPHE.

Au lieu de :

« Les percoloteurs sont installés dans les cuisines. »

Lire :

« Les percolateurs sont installés dans les cuisines dans les stations de la 1re catégorie, et dans un local disponible de la gare dans les stations de la 2e catégorie. »

33e PARAGRAPHE. — 1er alinéa. — 2° phrase.

Supprimer les mots : « Installés dans les cuisines. »

33e PARAGRAPHE.

Remplacer la phrase : « Etat I (pour les appareils de cuisine et les locaux », par la suivante : « Etat I (pour les percolateurs, les appareils de cuisine et les locaux). »

La suite sans modifications.

49e PARAGRAPHE. — 3e phrase.

Au lieu de :

« Etat-major général, 4e bureau. »

Mettre :

« Etat-major de l'armée, 4ᵉ bureau. »

ANNEXE Nº 1.

NOMENCLATURE DU MATÉRIEL DES STATIONS HALTES-REPAS DE LA 1ʳᵉ CATÉGORIE.

	NOMBRE.	PRIX au classement neuf.	MONTANT au classement neuf.	
		f. c.	fr. c.	
Au lieu de :				
Grand bidon	270	2 70	729 »	
Mettre :				
Grand bidon........................	240	2 70	648 »	
Et au lieu de :				
Salière en bois d'une contenance de 80 grammes.....................	125	0 05	6 25	Pour être placées sur les tables.
Mettre :				
Salière en bois d'une contenance de 100 grammes	125	0 05	6 25	Pour être placées sur les tables.
A la fin du tableau, au lieu de :				
Total................			15.464 50	
Soit en chiffres ronds........			15.500 »	
Mettre :				
Total...............			15.383 50	
Soit en chiffres ronds........			15.400 »	

NOMENCLATURE

du matériel des stations haltes-repas de la 2e catégorie.

Nomenclature du matériel des stations haltes-repas de a ᵉ catégorie.

Remplacer cette nomenclature par le tableau suivant :

Nomenclature nouvelle du matériel des stations haltes-repas de la 2ᵉ catégorie.

DÉSIGNATION DES OBJETS CONTENUS DANS CHAQUE COLLECTION.				OBSERVATIONS et AFFECTATIONS du matériel.
NATURE DES OBJETS.	NOMBRE.	PRIX ou classement neuf.	MONTANT en classement neuf.	Les affectations qui suivent sont destinées a servir de guide et non d'indications absolues.
Armoire avec rayons, grande, en chêne, à double battant	1	150 00	150 00	Même affectation que pour les stations de la 1ʳᵉ catégorie, sauf les indications ci-après.
Assiette de porcelaine	35	0 50	17 50	
Bac à charbon grand	1	4 00	4 00	
Balance à pied. { portée de 10 kilogrammes	1	60 00	60 00	
{ portée de 1 kilogramme	1	21 00	21 00	
Baquet cerclé en fer petit	2	6 00	12 00	
Blouse en toile sans collet	60	4 50	270 00	
Burette à huile à brûler, de 2 litres	1	3 00	3 00	
Cantine de comptabilité à compartiments	1	45 00	45 00	
Chaise en frêne verni, foncée, en paille ordinaire	25	3 50	87 50	
Ciseaux à lampe	2	1 75	3 50	
Couteau........ { à sucre	2	2 00	4 00	
{ de table	35	1 00	35 00	
{ à conserves	10	0 50	5 00	
Cuvier en sapin, cerclé en fer de 1 mètre de diamètre	1	35 00	35 00	
Gobelet en fer-blanc de 1/4 de litre	35	0 40	14 00	
Grand bidon	310	2 70	837 00	
Hache	1	5 50	5 50	
Hachette	1	1 95	1 95	
Lanterne........ { applique avec accessoires	3	7 00	21 00	
{ portative avec lampe ou bougie	3	4 40	13 20	
Maillet ordinaire pour casser le sucre	2	0 45	0 90	
Marteau ordinaire grand	1	1 35	1 35	
Merlin emmanché	1	6 40	6 40	
Mesure en fer-blanc.... { de 2 litres	2	2 70	5 40	Pour le remplissage des sachets de papier.
{ de 1 litre	2	1 55	3 10	
{ contenant { 80 grammes de sel broyé	4	0 20	0 80	
{ { 40 —	2	0 15	0 30	
Moulin à café grand (modèle des subsistances)	2	46 00	92 00	
Pantalon de toile	60	3 00	180 00	
Pelle à charbon avec manche à poignée	1	6 00	6 00	
Poids en cuivre, série de 1 kil. à un gramme, dans une boîte	1	8 00	8 00	
Poids en fonte.. { de 10 kilogrammes	1	2 65	2 65	
{ de 5 —	1	1 55	1 55	
{ de 2 —	1	0 75	0 75	
{ de 1 kilogramme	1	0 45	0 45	
Récipient en tôle étamé avec couvercle.. { de 75 litres	2	24 50	49 00	Pour la distribution du sel.
{ de 30 litres	2	9 00	18 00	
Sachet de papier	(1) 120	» 1 85	» 222 00	
Seau en toile pour l'abreuvage des chevaux	30	1 25	37 50	
Serviette pour la toilette	1	50 00	50 00	
Table......... { de bureau { moyenne en chêne poli de 1ᵐ,40	1	40 00	40 00	
{ { petite de 1 mètre	1	55 00	55 00	
{ de cuisine en hêtre	1	1 60	1 60	
Tenaille	60	0 90	54 00	
Torchon	35	0 30	10 50	
Verre à boire	»	»	»	(1) Variable selon les besoins.
Matériel d'emballage (1)	»	»	»	
MATÉRIEL FIXE.				
Percolateur.... { de 250 litres	1	810 00	810 00	
{ de 125 litres	2	675 00	1.350 00	
Objets de rechange de percolateur.. { Tube de niveau nº 1	6	1 60	9 60	
{ — nº 2	6	1 60	9 60	
{ Rondelles en caoutchouc	6	0 10	0 60	
Soit en chiffres ronds			4.672 20	
			4.700 00	

Alimentation des troupes.

Relevé récapitulatif des entrées et sorties de denrées ou matières du service des vivres.

Titre : CONSERVES DE VIANDE. *Au lieu de :*

CONSERVES DE VIANDE.		
RATIONS de 200 grammes.	RATIONS de 100 grammes.	KILOGRAMME

Mettre :

CONSERVES DE VIANDE.	
RATIONS de 250 grammes.	KILOGRAMME.

Ajouter une colonne pour les sachets de papier (nombre).

Faire au tableau des entrées et à celui des sorties les mêmes rectifications qu'au modèle B, indiquées ci-dessus.

Carnet des bons de distribution d'aliments et de denrées délivrés par la station halte-repas.

Supprimer la colonne : « Avoine. »

Dans le titre :

« DÉSIGNATION DES DENRÉES. »

Au lieu de :

« Repas { de jour.
chauds } de nuit.
Repas { de jour.
froids } de nuit.
Pain »

Mettre :

« Repas { de jour.
{ de nuit.
Pain

ANNEXE N° 9.

Composition du personnel d'une commission de gare de station halte-repas.

Compléter le tableau comme il suit :

DÉSIGNATION des GRADES OU EMPLOIS.	HALTES-REPAS		OBSERVATIONS.
	de 1re caté-gorie.	de 2e et 3e caté-gories.	
....	......	......	(1) Pour les stations de la 2e caté-gorie seulement : il n'en est pas affecté à celles de la 3e catégorie.
Adjudants d'administration du cadre auxiliaire (B)...	1	1 (1)	

(B) Pour les stations haltes-repas dont le comptable est en même temps gestionnaire du service des subsistances de la place, le nombre des adjudants d'administration à y affecter est de 2.

APPENDICE X.

CHAPITRE VI.

DÉPENSES. — CATÉGORIE B. — FRAIS D'ÉCLAIRAGE.

Supprimer la phrase :

« Chaque exercice donne lieu à l'établissement en simple expédition, d'un bon d'éclairage conforme au modèle n° 3, joint à la présente instruction. »

Et la remplacer par la suivante :

« Chaque exercice donne lieu à l'établissement en simple expédition d'un bon d'éclairage conforme au modèle n° 3 joint à la présente instruction et d'une copie conforme de ce bon. L'officier dirigeant les exercices remplit les cases relatives au nombre d'appareils allumés, signe le certificat d'exécution et remet le bon ainsi que la copie conforme de ce bon au représentant de la compagnie. »

Le reste sans modifications.

CHAPITRE VII.

BOTTILLONS. — 3e paragraphe.

Au lieu de :

« 2 bottillons de 1^m,30 par wagon à chevaux. »

Mettre :

« 1 bottillon de 1^m,30 par quatre selles. »

PLANCHES.

Ajouter les planches V *bis*, XXV *bis* et XXV *ter* ci-contre relatives aux wagons à marchandises aménagés pour le transport de 36 hommes et à l'embarquement des fours roulants.

MODE D'AMÉNAGEMENT DES WAGONS
A MARCHANDISES.

Pour 36 hommes.

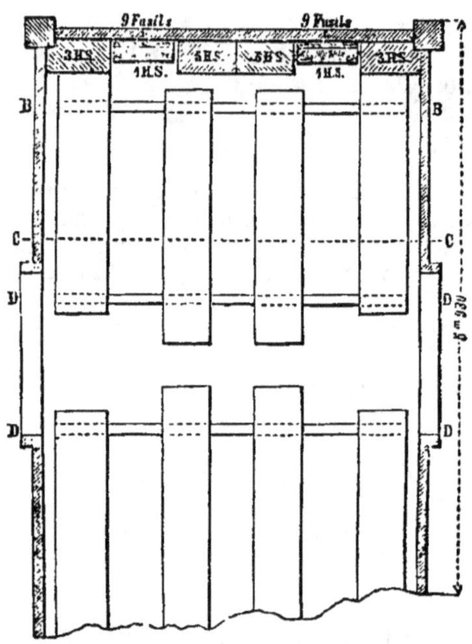

a. — AMÉNAGEMENT DES BANCS.

L'aménagement réglementaire pour 32 hommes dispose que les bancs reposent sur des supports placés en B et C.

Laisser le support B à la place prévue. Écarter le support C jusqu'en D, pour permettre de ramener vers le centre du wagon chacun des quatre bancs du milieu.

Ces bancs peuvent alors recevoir 5 hommes au lieu de 4, les places prises par les havresacs devenant libres.

b. — PLACEMENT DES FUSILS.

Même placement que pour 32 hommes, sauf que les faisceaux contiennent 9 fusils au lieu de 8.

c. — Placement des havresacs.

Les havresacs se placent :

1 au pied de chaque faisceau pour caler les crosse
   des fusils.................................... 4
3 à plat à chaque coin du wagon sur les bancs, soit. 12
5 contre la petite paroi du wagon, dans le prolonge-
   ment de chacun des bancs du milieu, soit...... 20

Total........ 36

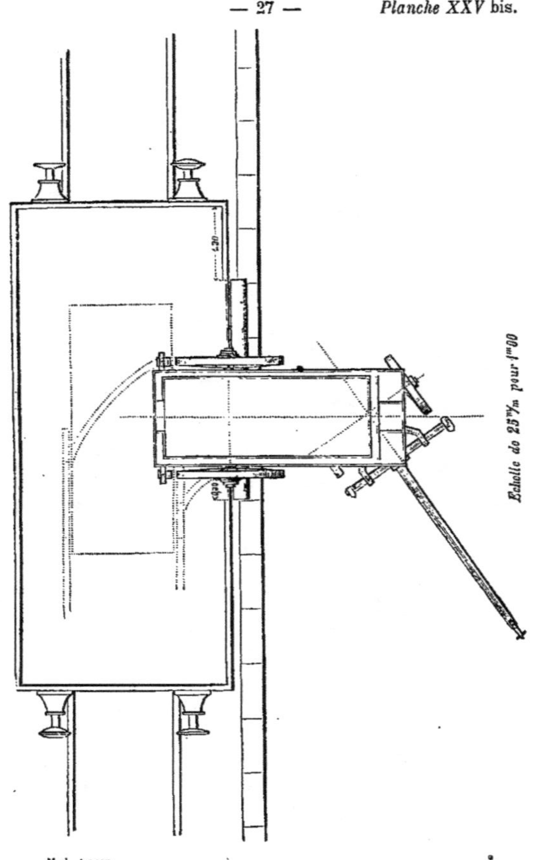

Echelle de 25^{c/m} pour 1^m00

Echelle de 25 % pour 1.^m00

NOTES.

(BULLETIN OFFICIEL, PARTIE RÉGLEMENTAIRE, 1er SEMESTRE 1890, N° 33.)

Remplacer la note n° 2 relative aux tarifs militaires applicables sur les voies ferrées par le tableau ci-après :

Note n° 2.

TARIFS APPLICABLES

en vertu du cahier des charges et tarifs réellement appliqués au transport sur les voies ferrées :

1° Des militaires et marins voyageant en corps ou isolément;

2° Des isolés des troupes et du matériel militaire en cas de réquisition de tous les moyens de transport.

(Lignes livrées à l'exploitation au 1er janvier 1891.)

I. — CHEMIN DE FER
§ 1er. — France continentale et Corse.
D'INTÉRÊT GÉNÉRAL.

DÉPARTEMENTS.	LIGNES EXPLOITÉES.	COMPAGNIES EXPLOITANTES.	ARTICLE du cahier des charges.	TARIF APPLICABLE d'après l'article ci-contre du cahier des charges. Aux militaires et marins voyageant en corps ou isolément.	Aux isolés, aux troupes et au matériel militaire en cas de réquisition.	TARIF RÉELLEMENT APPLIQUÉ aux militaires et marins voyageant en corps ou isolément.	SIÈGE SOCIAL de la compagnie exploitante.	OBSERVATIONS
Nord	Nord		54	Quart du tarif légal.	Moitié du tarif légal.	Quart du tarif légal.	18, rue de Dunkerque.	
Est	Est		54	Id.	Id.	Id.	Place de Strasbourg.	
Ouest	Ouest		54	Id.	Id.	Id.	20, rue de Rome.	
Paris à Orléans	Paris à Orléans		54	Id.	Id.	Id.	8, rue de Londres.	
Paris-Lyon-Méditerranée	Paris-Lyon-Méditerranée		54	Id.	Id.	Id.	88, rue Saint-Lazare.	
Midi	Midi		54	Id.	Id.	Id.	54, boulev. Haussmann.	
État	Administration des chemins de fer de l'État..		54	Id.	Id.	Id.	42, rue de Châteaudun.	
Ceinture de Paris.	Ceinture R. D.		23	Sur réquisition, transport gratuit; sans réquisition, isolément, la moitié du tarif légal.	Transport gratuit.	Transport gratuit pour les détachements.	16, rue de Londres.	
		Syndicat du chemin de Ceinture. R. D.						
	Ceinture R. G.		54	Quart du tarif légal.	Moitié du tarif légal.	Quart du tarif légal.	Id.	
	Grande ceinture de Paris	Syndicat de la grande Ceinture	54	Id.	Id.	Id.	Id.	
	Somain à Anzin et à la frontière	Compagnie des mines d'Anzin	55	Id.	Id.	Id.	A. Anzin (Nord).	
	Chauny à Saint-Gobain	Compagnies des manufactures de glaces de Chauny et de Saint-Gobain	50	Id.	Id.	Id.	9, rue Sainte-Cécile.	
	Hazebrouck à la frontière belge	Compagnie belge de la Flandre occidentale	54	Id.	Id.	Id.	11, marché du Vendredi, à Bruges.	
	Enghien à Montmorency	Nord	54	Id.	Quart du tarif légal pour les isolés, la moitié du tarif légal pour les troupes et le matériel.	Mêmes tarifs que ci-contre.	18, rue de Dunkerque.	
	Alais au Rhône	Alais au Rhône	54	Id.	Moitié du tarif légal	Quart du tarif légal.	10, place Vendôme	
	Bordeaux au Verdon	Médoc	54	Id.	Id.	Id.	28, rue Pasquier.	

DÉPARTEMENTS.	LIGNES EXPLOITÉES.	COMPAGNIES EXPLOITANTES.	ARTICLE du cahier des charges	TARIF APPLICABLE d'après l'article ci-contre DU CAHIER DES CHARGES — Aux militaires et marins voyageant en corps ou isolément.	Aux isolés, aux troupes et au matériel militaire en cas de réquisition.	TARIF réellement appliqué aux militaires et marins voyageant en corps ou isolément.	SIÈGE SOCIAL de la COMPAGNIE exploitante.	OBSERVATIONS
	Arles à Saint-Louis-du-Rhône	Paris-Lyon-Méditerranée	53	Quart du tarif légal.	Moitié du tarif légal.	Quart du tarif légal.	88, rue Saint-Lazare.	
	Lagny à Villeneuve-le-Comte	Exploitation en régie	53	Id.	Quart du tarif légal.	Id.	Melun (l'ingénieur en chef des ponts et chaussées du service ordinaire du département de Seine-et-Marne).	
	Réseau de la Corse La Voulte-sur-Loire au Cheylard Tournon à la Mastre Issingeaux à la Voulte-sur-Loire	Compagnie des chemins de fer départementaux	54	Id.	Moitié du tarif légal.	Id.	20, avenue de l'Opéra.	Voie de 1 mètre. Les trois lignes continentales désignées ne sont pas encore en exploitation. Lignes non livrées à l'exploitation.
	Sancoins à Lapeyrouse La Guerche à Châteaumeillant	Société générale des chemins de fer économiques	54	Id.	Id.	Id.	7, rue d'Antin.	
	Draguignan à Meyrargues	Sud de la France	54	Id.	Id.	Id.	78, rue d'Anjou.	
	La Croix Rousse à Sathonay	Compagnie des chemins de fer du Rhône	54	Id.	Id.	Id.	15, place Vendôme.	
	St-Georges de Commiers à la Mure	Société de Fives-Lille	34	Id.	Id.	Id.	64, rue Caumartin.	

§ 2. — *Algérie et Tunisie.*

DÉPARTEMENTS.	LIGNES EXPLOITÉES.	COMPAGNIES EXPLOITANTES.	ARTICLE du cahier des charges	Aux militaires et marins voyageant en corps ou isolément.	Aux isolés, aux troupes et au matériel militaire en cas de réquisition.	TARIF réellement appliqué aux militaires et marins voyageant en corps ou isolément.	SIÈGE SOCIAL de la COMPAGNIE exploitante.	OBSERVATIONS
	Paris-Lyon-Méditerranée (réseau Algérien)	Paris-Lyon-Méditerranée	54	Moitié du tarif légal.	Moitié du tarif légal.	Moitié du tarif légal.	88, rue Saint-Lazare.	
	Est-Algérien	Est Algérien	53	Id.	Id.	Moitié du tarif général réduite de 30 p. 100.	31, rue Pasquier.	
	Bône à Guelma et prolongements — Ligne du département de Constantine	Bône-Guelma	53	Id.	Id.	Moitié du tarif général.	7, rue d'Astorg.	
	Bône à Guelma et prolongements — Ligne de Tunisie	Bône-Guelma	*			Moitié du tarif légal en cas de réquisition; moitié du tarif général applicable aux voyageurs pour les militaires et marins voyageant isolément sans réquisition.	Id.	Les transports de la guerre en Tunisie sont faits par un entrepreneur spécial.
	Ouest-Algérien	Ouest Algérien	53	Id.	Id.	Moitié du tarif légal.	7, rue de La Rochefoucauld.	
	Franco-Algérienne	Ouest Algérien	53	Id.	Id.	Moitié du tarif légal.	Id.	
	Bône à Aïn-Mokra	Mokta-el-Hadid	34	Quart du tarif légal.	Id.	Quart du tarif légal.	26, avenue de l'Opéra.	

II. — CHEMINS DE FER D'INTÉRÊT LOCAL.

DÉPARTEMENTS.	LIGNES EXPLOITÉES.	COMPAGNIES EXPLOITANTES.	ARTICLE du cahier des charges.	TARIF APPLICABLE d'après l'article ci-contre du cahier des charges. Aux militaires et marins voyageant en corps ou isolément.	TARIF APPLICABLE — Aux isolés, aux troupes et au matériel militaire en cas de réquisition.	TARIF RÉELLEMENT APPLIQUÉ aux militaires et marins voyageant en corps ou isolément.	SIÈGE SOCIAL de la COMPAGNIE exploitante.	OBSERVATIONS.
Ain	Marlieux à Châtillon-sur-Chalaronne	Marlieux à Châtillon....	51	Moitié du tarif légal.	Moitié du tarif légal.	Moitié du tarif légal.	Lyon, 33, rue de la Bourse.	
	Sathonay à Trévoux (V. *Rhône*)....	Rhône (Compagnie des chemins de fer du)....	53	Id.	Id.	Id.	Lyon, 1, Grande-Rue de Cuire.	
Aisne.	Crécy-Mortiers à la Fère	Crécy-Mortiers à La Fère.	54	Quart du tarif légal.	Quart du tarif légal pour les isolés. Moitié pour les troupes et le matériel.	Quart du tarif légal.	Crécy-sur-Serre (Aisne).	
	Denain au Câtelet (V. *Nord*)	Cambrésis (Société du)..	54	Moitié du tarif légal.	Moitié du tarif légal.	Moitié du tarif légal.	Cambrai, 21, rue de la Porte-Robert.	
	Saint-Quentin à Guise	Saint Quentin à Guise...	»	Plein tarif.	Plein tarif.	Quart du tarif légal.	Saint-Quentin, 17, place du 8 octobre.	
	Velu-Bertincourt à Saint-Quentin. (V. *Pas-de-Calais et Somme*)	Velu-Bertincourt à Saint-Quentin	53 bis.	Moitié du tarif légal.	Moitié du tarif légal.	Moitié du tarif légal.	Saint-Quentin, 2, place Campion.	
	La Ferté-sous-Jouarre à Montmirail. (V. *Marne et Seine-et-Marne*)	Départementaux (Compagnie de chemins de fer)	51	Id.	Id.	Id.	20, avenue de l'Opéra.	
Allier.	Moulins à Cosne	Economiques (Société générale des chemins de fer)		Id.	Id.	Id.	7, rue d'Antin.	
	Varennes-sur-Allier à Chantelle		54					
Ardennes.	Carignan à Messempré	Est	45	Id.	Id.	Id.	21, rue d'Alsace.	
	Monthermé (station) à Monthermé.							
	Vrigne-Meuse à Vrigne-aux-Bois							
	Pont-Mangis à Rancourt		45	Id.	Id.	Quart du tarif légal.		
Bouches-du-Rhône.	Arles aux carrières de Fontvieille	Régionaux des Bouches-du-Rhône (Compagnie des chemins de fer)		Id.	Id.	Moitié du tarif légal.	2, rue de Constantinople.	
	Le Pas-des-Lanciers à Martigues							
	Tarascon à Saint-Remy							
	Barbentane à Orgon							
	Fontvielle à Salon							
	Saint-Rémy à Orgon							
	La Ciotat (gare) à la Ciotat (ville).							
	Eyguières à Peyrolles		54					
	Miramas à Port-de-Bouc	Méridionaux français (Compagnie des chemins de fer)	»	Plein tarif.	Plein tarif.	Moitié du tarif général.	3, place des Batignolles.	
Calvados.	Caen à la mer	Caen à la mer	52	Moitié du tarif légal.	Moitié du tarif légal.	Moitié du tarif légal.	58, rue de Monceau.	
Charente.	Barbezieux à Châteauneuf	Etat (Administration des chemins de fer de l')	48	Id.	Id.	Id.	42, rue de Châteaudun.	
	Angoulême à Rouillac	Départementaux (Compagnie de chemins de fer)	54	Id.	Id.	Moitié du tarif général.	20, avenue de l'Opéra.	

DÉPARTEMENTS.	LIGNES EXPLOITÉES.	COMPAGNIES EXPLOITANTES.	ARTICLE du cahier des charges	TARIF APPLICABLE d'après l'article ci-contre du cahier des charges. Aux militaires et marins voyageant en corps ou isolément.	Aux isolés, aux troupes et au matériel militaire en cas de réquisition.	TARIF RÉELLEMENT APPLIQUÉ aux militaires et marins voyageant en corps ou isolément.	SIÈGE SOCIAL de la COMPAGNIE exploitante.	OBSERVATIONS
Cher.	Bourges à Dun-sur-Auron.........	Economiques (Société générale des chemins de fer)...............	54	Moitié du tarif légal.	Moitié du tarif légal.	Moitié du tarif légal.	7, rue d'Antin.	
Doubs.	Audincourt à Hérimoncourt (tramway à vapeur).................	Hérimoncourt (Société anonyme des tramways de la vallée d')........	»	Plein tarif.	Plein tarif.	Plein tarif.	Hérimoncourt.	
	Audincourt à Valentigney (tramway à vapeur)................		»	Id.	Id.	Id.	Id.	
Dordogne.	Périgueux à Saint-Pardoux (tramway à vapeur).................	Périgord (Société anonyme des chemins de fer du)...............	»	Id.	Id.	Id.	49, rue de Courcelles.	
	Périgueux à Juvénie (tramway à vapeur).................		»	Id.	Id.	Id.	Id.	
Eure.	Evreux à Elbeuf et Dreux et Acquigny et embranchement).........	Orléans à Châlons......	54	Moitié du tarif légal.	Moitié du tarif légal.	Moitié du tarif général (A).	Syndic de la faillite. 7, rue Jean-Lantier.	(A) Une réduction plus forte est accordée pour les parcours ci-après spécifiés : 1° Elbeuf à Dreux et vice versa ; 2° Evreux à Dreux et vice versa. 3° Evreux à Gisors et vice versa. 4° Gisors à Dreux et vice versa. 5° Gisors à Elbeuf et vice versa.
	Gisors à Vernon..................							
	Glos-Montfort à Pont-Audemer....							
	Pont-de-l'Arche à Gisors..........							
Gironde.	Saint-André-de-Cubzac à Saint-Ciers-la-Lande...............	Economiques (Société générale des chemins de fer)...............	54	Id.	Id.	Moitié du tarif légal.	7, rue d'Antin.	
	Lesparre à Saint-Symphorien......		54					
	Lacanau à Bordeaux...............		54					
	Hostens à Beautiran..............		54					
	Nizan à Luxey...................		45					
	Castelnau à Margaux.............	Médoc.................	54	Id.	Id.	Id.	23, rue Pasquier.	
	Pauillac à Port-des-Piloles........							
	La Teste à l'Etang-de-Cazaux.....	Gironde (Département de la Gironde)...........	42	Id.	Id.	Id.	Bordeaux.	
Hérault.	Saint-Chinian à Montbazin........	Hérault (Compagnie de l')	»	Plein tarif.	Plein tarif.	Moitié du tarif général.	51, rue de la Chaussée-d'Antin.	
	Montpellier à Rabieux............							
	Montpellier à Palavas............							
Indre-et-Loire.	Ligré-Rivière à Richelieu.........	Etat (Administration des chemins de fer de l')..	40	Moitié du tarif légal.	Moitié du tarif légal.	Moitié du tarif légal.	42, rue de Châteaudun.	
	Port-Boulet à Châteaurenault......	Départementaux (Compagnie de chemin de fer).	53	Id.	Id.	Id.	20, avenue de l'Opéra.	
	Grand-Pressigny à Esvres.........							
	Ligueil à Montrésor..............							
Isère.	Lyon-Morestel à Saint-Genix-d'Aoste. (V. Rhône).................	Est de Lyon............	54	Id.	Id.	Id.	Lyon, 41, rue Charlet.	
	Sablonnières à Montalieu-Vercieu..							
	Embranchement d'Amblagnieu-Pourcieu à Montalieu............							
	Nizan à Luxey...................	Economiques (Société générale des chemins de fer)...................	45, 53	Id.	Id.	Id.	7, rue d'Antin.	
Landes.	Pizos à Parentis.................	Landes (Société d'intérêt local des).............	»	Plein tarif.	Plein tarif.	Plein tarif.	54, boulev. Haussmann.	
	Sabres à Mimizan................							
	Morcenx à Mézos et embranchement							
	Tartas à Castets et prolongements.							
Loire.	Cours à Saint-Victor (V. Rhône)...	Cours à Saint-Victor....	54	Moitié du tarif légal.	Moitié du tarif légal.	Moitié du tarif légal.	Thizy (Loire).	

DÉPARTEMENTS.	LIGNES EXPLOITÉES.	COMPAGNIES EXPLOITANTES.	ARTICLE du cahier des charges	TARIF APPLICABLE d'après l'article ci-contre DU CAHIER DES CHARGES. — Aux militaires et marins voyageant en corps ou isolément	TARIF APPLICABLE — Aux isolés, aux troupes et au matériel militaire en cas de réquisition.	TARIF RÉELLEMENT APPLIQUÉ aux militaires et marins voyageant en corps ou isolément.	SIÈGE SOCIAL de la COMPAGNIE exploitante.	OBSERVATIONS
Manche.	Montsecret à Sourdeval. (V. *Orne*).	Secondaires (Compagnie générale française des chemins de fer)......	54	Moitié du tarif légal.	Moitié du tarif légal	Moitié du tarif légal.	27, rue de Londres.	
	Valognes à Barfleur et embranchement.	Départementaux (Compagnie des)......	54	Id.	Id.	Id.	20, avenue de l'Opéra.	
Marne.	La Ferté-sous-Jouarre à Montmirail. (V. *Aisne et Seine-et-Marne*).....	Départementaux (Compagnie des).....	54	Id.	Id.	Id.	Id.	
Haute-Marne.	Naix-Menaucourt à Guë-Ancerville. (V. *Meuse*).....	Naix à Guë.....	53	Id.	Id.	Id.	Bar-le-Duc.	
Meurthe-et-Moselle.	Gudmont à Rimaucourt.....	Économiques (Socté des).	54	Id.	Id.	Id.	7, rue d'Antin.	
	Avricourt à Blamont et à Cirey.....	Est.....	53	Id.	Id.	Moitié du tarif général.	21, rue d'Alsace.	
Meuse.	Haironville à Triaucourt.....	Meuse (Département de la).....	54	Id.	Id.	Moitié du tarif légal.	Bar-le-Duc.	
	Naix-Menaucourt à Guë-Ancerville.	Naix à Guë.....	54	Id.	Id.	Id.	Id.	
	Bar-le-Duc à Vaubécourt......... Rambercourt-aux-Pots à Clermont-en-Argonne.....	M. Varinot.....	54	Id.	Id.	Id.	Id.	
Nord.	Achiet à Bapaume et à Marcoing. (V. *Pas-de-Calais*).....	Achiet Bapaume.....	54	Id.	Id.	Id.	Bapaume (Pas-de-Calais).	
	Denain au Catelet. (V. *Aisne*).....	Cambrésis (Société du)..	54	Id.	Id.	Id.	Cambrai, 21, rue de la Porte-Robert.	
Oise.	Hermes à Baumont-Persan. (V. *Seine-et-Oise*).....	Hermes à Beaumont.....	54	Id.	Id.	Id.	Neuilly-en-Thelle, place Nieton.	
	Estrées-Saint-Denis à Froissy (A)..	»	54	Id.	Id.	Id.	»	(A) Non livrée à l'exploitation.
Orne.	Alençon à Cond.-sur-Huisne.....	Orne (Cie de l') syndic de la faillite.....	53	Id.	Id.	Id.	7, rue Jean-Lantier	
	Montsécret à Sourdeval. (V. *Manche*).....	Secondaires (Cie des).....	54	Id.	Id.	Id.	27, rue de Londres.	
Pas-de-Calais.	Achiet à Bapaume et à Marcoing. (V. *Nord*).....	Achiet à Bapaume.....	54	Id.	Id.	Id.	Bapaume.	
	Anvin à Calais.....	Anvin à Calais.....	54	Id.	Id.	Id.	Saint-Omer.	
	Boisleux à Marquion.....	Boisleux à Marquion.....	54	Id.	Id.	Id.	Croisilles.	
	Velu(Bertincourt à Saint-Quentin. (V. *Aisne et Somme*).....	Velu à Saint-Quentin.....	53 bis.	Id.	Id.	Id.	Saint Quentin, 2, place Campion.	
Puy-de-Dôme.	Vertaizon à Billom.....	M. Perrichont.....	50	Id.	Id.	Id.	Clermont-Ferrand	
	Gerzat à Maringues..... Riom à Volvic.....	Batignolles (Société de construction des).....	54	Id.	Id.	Id.	176, avenue de Clichy.	
Basses-Pyrénées.	Bayonne à Anglet-Biarritz.....	Bayonne-Anglet-Biarritz.	»	Plein tarif.	Plein tarif.	Plein tarif.	5, rue des Mathurins.	
Rhône.	Cours à Saint-Victor (V. *Loire*).....	Cours à Saint-Victor.....	54	Moitié du tarif légal.	Moitié du tarif légal.	Moitié du tarif légal.	Thizy (Loire).	
	Lyon à Morestel et à Saint-Genix-d'Aoste (V. *Isère*).....	Est de Lyon.....	54	Id.	Id.	Id.	Lyon, 41, rue Charlet.	
	Lyon à Fourvières et Saint-Just...	Fourvières et Ouest-Lyonnais (Cie de).....	53	Moitié du tarif légal pour les troupes, plein tarif pour les isolés.	Id.	Moitié du tarif légal pour les troupes, plein tarif pour les isolés.	Lyon, 4, avenue du Doyenné.	
	Lyon-Saint-Just à Vaugeray et Mornant.....		54	Moitié du tarif légal.	Id.	Moitié du tarif légal.		

DÉPARTEMENTS.	LIGNES EXPLOITÉES.	COMPAGNIES EXPLOITANTES.	ARTICLE du cahier des charges.	TARIF APPLICABLE d'après l'article ci-contre du cahier des charges. Aux militaires et marins voyageant en corps ou isolément.	Aux isolés, aux troupes et au matériel militaire en cas de réquisition.	TARIF RÉELLEMENT APPLIQUÉ aux militaires et marins voyageant en corps ou isolément.	SIÈGE SOCIAL de la compagnie exploitante.	OBSERVATIONS.
Rhône. (*Suite.*)	Sathonay à Trévoux. (V. *Ain*)	Rhône	53	Moitié du tarif légal.	Moitié du tarif légal.	Moitié du tarif légal.	Lyon, 1, grande rue de Cuire.	
Haute-Saône	Gray à Gy et à Bucey-lès-Gy	Haute-Saône (Département de la)	53	Id.	Id.	Id.	8, rue de la Pépinière	
Sarthe.	Mamers à Saint-Calais.	Mamers à Saint-Calais	52	Id.	Id.	Id. (B)	Le Mans.	(a) Le quart du tarif est appliqué pour les parcours ci-après désignés : Mamers à Connerré ; Mamers à Saint-Calais ; Saint-Calais à Connerré.
	La Flèche à la Suze.	Paris à Orléans	54	Id.	Id.	Quart du tarif légal.	8, rue de Londres.	
	La Flèche à Sablé.							
	Le Mans au Grand-Lucé.		48	Id.	Id.	Moitié du tarif légal.		
	Ballon à La Forge-d'Antoigné	M. Faliés						
	Le Mans à Saint-Denis-d'Orques		48	Id.	Id.	Id.	9, rue Saint-Anne.	
	Le Grand-Lucé à la Chartre (tramway à vapeur)		53	Id.	Id.	Id.		
Seine-et-Marne.	Montereau à Château-Landon		»	Plein tarif.	Plein tarif.	Id.		
	La Ferte-sous-Jouarre à Montmirail. (V. *Aisne et Marne*)	Départementaux (Cie de).	54	Moitié du tarif légal.	Moitié du tarif légal.	Id.	20, avenue de l'Opéra.	
Seine-et-Oise.	Hermes à Beaumont-Persan. (V. *Oise*)	Hermes à Beaumont	54	Id.	Id.	Id.	Neuilly-en-Thelle, place Nicton.	
	Magny à Chars et prolongements.	Magny à Chars	49	Id.	Id	Id.	Magny-en-Vexin.	
	Valmondois à Epiais-Rhus	Economiques (Société des).	54	Id.	Id.	Id.	7, rue d'Antin.	
	Velu-Bertincourt à Saint-Quentin. (V. *Aisne et Pas-de-Calais*)	Velu à Saint-Quentin	53 bis	Id.	Id.	Id.	Saint-Quentin. 2, place Campion.	
Somme.	Noyelles au Crotoy.							
	Saint-Valery à Cayeux.							
	Albert à Ham.	Economiques (Société des).	54	Id.	Id.	Id.	7, rue d'Antin.	
	Albert à Montdidier.							
	Albert à Doullens.							
	Matigny-Offoy à Ercheu.							
Var.	Hyères à Saint-Raphaël.	Sud de la France (Cie des chemins de fer du).	54	Id.	Id.	Id.	78, rue d'Anjou.	
Vosges.	Remiremont à Cornimont.	Est.	52	Id.	Id.	Id.	21, rue d'Alsace.	
	Etival-Clairefontaine à Senones et embranchement.	Etival à Senones.	54	Id.	Id.	Id.	Senones.	
	Rambervilliers à Charmes.	Rambervilliers à Charmes.	50	Id.	Id.	Id.	Rambervilliers.	
Yonne.	La Roche à l'Isle-sur-Serein.	Départementaux (Cie des).	54	Id.	Id.	Id.	20, avenue de l'Opéra.	

Note n° 5.

———

CONDITIONS

à remplir par le matériel roulant en vue des transports militaires.

II. Matériel roulant des chemins de fer à voie de 1 mètre.

II. Wagons plats.

2° Trucs à fond garni de traverses saillantes.

Supprimer le paragraphe 8°. — Traverses d'une saillie exceptionnelle.

Paris et Limoges. — Imprimerie militaire Henri CHARLES-LAVAUZELLE.

Paris et Limoges. — Imprimerie militaire Henri CHARLES-LAVAUZELLE.